MÜNSTER
DAS KLEINE KOCHBUCH

Rezepte aus Münsters Küchen • Küchengedichte • Fotografien

Herausgegeben von Christa Rammes

Mit Fotografien von Uwe Krüger

münstermitte
medienverlag

Liebe Genießerinnen, Genießer und Münster-Fans,

Münsters Küche ist mehr als ihre schmackhaften und zugleich berühmtesten Botschafter Pumpernickel und Schinken. Sie ist traditionell bodenständig aber auch fein und eigenwillig, was nicht zuletzt schon Namen wie „Knisterfinken“, „Blindhuhn“, „Potthucke“ und „Schlodderkappes“ zeigen. In den Topf und auf den Tisch kommt all das, was Hof und Garten in der betreffenden Jahreszeit zu bieten haben. Dass es auch im Handumdrehen gelingt, darauf habe ich Wert gelegt. Alle von mir ausgesuchten Rezepte sind im Familien und Freundeskreis im Einsatz und daher sozusagen „dauergetestet“.

Meine Lieblingsrezepte, vom bodenständigen und in der Zubereitung einfachen „Leineweber“ bis zur kulinarischen Raffinesse, dem begehrtesten Stück des heimischen Wildes, dem Rehrücken, hier in der Pumpernickel-

Preiselbeer-Kruste, habe ich für Sie aufgeschrieben, einschließlich ihrer kleinen Geheimnisse, die von Generation zu Generation weitergegeben werden.

Sie finden hier die „De-Luxe-Variante“ des ursprünglichen Arme-Leute-Essens „Töttchen“, den klassischen Wirsingtopf, raffiniert umgarnt von Lachswürfeln statt seiner üblichen Begleiter Kassler und Bratwurst und natürlich aus dem Land des Spargels einen Spargeleintopf. Und den Vegetariern unter Ihnen empfehle ich ein starkes Münsterländer Quartett, „Kartoffel-Sellerie-Reibekuchen mit Apfel-Zwiebel-Kompott“. Auch die „Münsterländer Struwen“ sind dabei. Wundern Sie sich nicht, wenn Ihre Familie sich die typischen kleinen Hefepfannkuchen einmal statt eines Sonntagsbratens wünscht.

Natürlich darf für eine Zusammenstellung von Gerichten aus Münsters Küche das Bier nicht fehlen, seit Jahrhunderten eines der beliebtesten Getränke des Landes. Es muss ja nicht unbedingt ins Glas, sondern ist eine hervorragende geschmackliche Bereicherung von Rinderbraten und Kaninchenkeulen.

Auch alle Schleckermäuler kommen zu ihrem Genuss à la Münster. Die „beschwipste Stachelbeertorte Annette“ und die „Münsterländer Apfel-Schichttorte“ gehören zu den Lieblingstorten meiner Familie. Und die besteht nicht nur aus Kaffeetanten!

Kosten Sie die Gerichte aus Münsters Kochtöpfen, naschen Sie von der „Westfälischen Götterspeise“ und genießen Sie die „Münsterländer Hochzeitssuppe“, die „Poularde nach Bauernart“, den „Westfälischen Zwiebelkuchen“ und viele andere Köstlichkeiten.

Guten Appetit und „guat goahn“
Ihre Christa Rammes

Die Eier

... Das weiß ein jeder, wer's auch sei,
Gesund und stärkend ist das Ei –
Nicht nur in allerlei Gebäck,
Wo es bescheiden im Versteck,
Nicht nur in Soßen ist's beliebt,
Weil es denselben Rundung gibt –
Nicht eben dieserhalben nur –
Nein auch in leiblicher Statur,
Gerechtermaßen abgesotten
Zu Pellkartoffeln, Butterbroten,
Erregt dasselbe fast bei allen
Ein ungeteiltes Wohlgefallen ...

Wilhelm Busch

Eier-Schinken-Töpfchen

Heinrich Heine nannte das Münsterland „Vaterland der Schinken". Und der leicht nussig, trocken und mürbe schmeckende Westfälische Schinken ist nicht nur hier beliebt. Zwischen gebuttertem Toast und gestockten Eiern kann er sich voll entfalten.

4 Scheiben Toast · 1 EL Butter · 8 Scheiben Westfälischer Schinken (geräuchert) · 4 Eier (L) · Salz/Pfeffer

- Mit den Töpfchen aus dem Toastbrot entsprechend große Kreise ausstechen. Töpfchen buttern, Toastbrot hinein legen und ebenfalls mit Butter bestreichen.
- Schinkenscheiben über Kreuz in die Töpfchen legen, so dass sie noch ein wenig überstehen.
- Je 1 aufgeschlagenes Ei vorsichtig in ein Töpfchen auf den Schinken geben und mit Salz und Pfeffer würzen.
- Bei 200° im vorgeheizten Backofen ca. 20 Min. auf der mittleren Schiene backen bis die Eier gestockt sind und das Ganze im heißen Töpfchen servieren.

Münsterländer Zwiebelkuchen

Die Münsterländer Variante kann mit dem Elsässer Zwiebelkuchen durchaus mithalten, vielleicht – oh là là – stellt sie ihren französischen Verwandten sogar in den Schatten. Warum? Sie beinhaltet kräftiges Landbrot und wird von einem schmackhaften Westfalen begleitet: dem Westfälischen Schinken, dieses Mal in der luftgetrockneten Form.

250 g Landbrot in ca. 1 cm dicken Scheiben · 2 Gemüsezwiebeln · 150 g geriebener mittelalter Gouda · 300 g saure Sahne · 1 TL Edelsüß-Paprika · 1 Bund Oregano · Salz · Butter · 100 g Westfälischer Schinken (luftgetrocknet)

- Backblech buttern und Brotscheiben eng nebeneinander auflegen. Backofen auf 200° einstellen und Brot beim Aufheizen ca. 10 Min. rösten.
- Inzwischen Zwiebeln pellen und auf dem Gemüsehobel in feine Ringe schneiden. Oregano abspülen und die Blättchen von den Stielen zupfen.
- Sahne, Paprikapulver und Salz verrühren und auf das Brot aus dem Ofen streichen. Zwiebelringe darüber streuen. Den geriebenen Käse und die Oregano-Blättchen darüber verteilen.
- Das Blech wieder in den Backofen schieben und das Ganze ca. 20 Min. goldbraun überbacken.
- Da er sooo lecker ist, reichen wir dazu dünn geschnittenen luftgetrockneten Westfälischen Knochenschinken.

Westfälische Trilogie

Das „Münsterländische Dreigestirn" besteht aus Pumpernickel, westfälischem Schinken und einem kühlen Bier. Für unsere „Westfälische Trilogie" bleiben wir bei dem Pumpernickel als kulinarischem Nationalheiligtum, kombinieren es aber mit Ei und heimischem Süßwasserfisch.

2 Lachsforellenfilets · 50 g Aalfilet · 2 Eier (M) · 2 Scheiben Pumpernickel · 1/2 Becher Crème Fraîche · 150 g Frischkäse · 1 TL Tomatenketchup · 1 EL Zitronensaft · 3 Stängel Dill · 4 TL Forellenkaviar · 4 Scheiben Zitrone als Garnitur

- Mit Dessertringen 4 Kreise aus dem Pumpernickel ausstechen und im Dessertring belassen.
- Aus den Eiern ein Rührei braten, abkühlen lassen und auf die 4 Dessertringe verteilen.
- 2 Stängel Dill fein hacken und zusammen mit den anderen Zutaten mit Ausnahme des Forellenkaviars pürieren. Masse in die Dessert-Ringe füllen und 5 – 10 Min. kühl stellen.
- Dessert-Ringe vorsichtig entfernen und die Trilogie mit je 1 TL Forellenkaviar, einer Zitronenscheibe und Dillzweigen garnieren.

Was Topf und Pfann' erzählen kann

Das Feuer zischt mit rotem Kopf –
Am Herd da stehet Topf an Topf.
Drin kocht und siedet dies und das;
Die Köchin geht und holt noch was!
Kaum ist sie fort – die Küche leer,
Geht's auf dem Herd lebendig her!
Das Feuer prasselt – bli! bla! blu! –
Der gute Herd – der brummt dazu.
In Topf und Töpfchen regt es sich
Und zischt und brodelt wunderlich.
Aus jedem tönt ein Stimmchen vor,
Und geht ihr hin und spitzt das Ohr,
Dann hört ihr – ei, das wird ein Spaß! –
Ein jeder Topf erzählt euch was.
Und was noch kochend drinnen liegt,
Weil ihr es erst heut' Mittag kriegt,
Sagt, was erlebt' es wundersam,
Bevor es in den Kochtopf kam.
Drum kommt und hört – es ist nicht schwer –
Es freut bei Tisch Euch sicher sehr,
Dieweil ihr mehr wie alle wisst,
Von dem, was man zu Mittag isst.

Joachim Ringelnatz

Münsterländer Hochzeitsuppe mit Eierstich und Griesklößchen

Die kräftige Brühe mit viel Gemüse und Fleisch als Einlage ist typisch für das Münsterland. Sie war früher nur besonderen Anlässen wie eben einer Hochzeit vorbehalten und bei unseren Großeltern auch immer ein absolutes Muss an Sonn- und Feiertagen. Uns schmeckt sie aber auch in der Woche.

1 Suppenhuhn (1,5 – 2 kg) · 500 g Rinderbrust · 1 Stange Porree · 3 Möhren · 1 Stück Sellerie · 1 Bund Petersilie · 1 Lorbeerblatt · 2 Zwiebeln · 150 g Blumenkohlröschen · Salz

Für den Eierstich:
1/8 l heiße Milch · 2 Eier · Salz und Muskat · Butter für die Form

Für die Griesklößchen:
1/4 l Milch · 3 – 4 EL Hartweizengrieß · 3 Eigelb · Salz · Muskat · 1 TL Butter

Eier in einem Gefäß schaumig schlagen und die Milch langsam unter die Eimasse rühren. Das Ganze mit Salz und Muskatnuss abschmecken. Eiermilch in eine Form gießen und im Backofen im Wasserbad bei 150° ca. 15 Min. stocken lassen. Eierstich in der Form erkalten lassen, stürzen und anschließend in Würfel schneiden.

Milch mit Gries und Butter aufkochen und abkühlen lassen. Mit Salz und Muskat abschmecken, das Eigelb unterrühren und aus der Masse kleine Klößchen rollen.

Suppenhuhn in kaltem Wasser zum Kochen bringen. Rinderbrust dazu geben und bis zu 3 Std. leicht köcheln lassen. Dabei den Schaum von Zeit zu Zeit abheben. Die fertige Brühe je nach Geschmack entfetten. Porree, Möhren und Sellerie putzen und ca. 1 Std. vor Ende der Garzeit unzerkleinert mit der grob gehackten Petersilie zum Fleisch geben. Zwiebeln waschen, nicht pellen sondern halbiert auf der ganz heißen Herdplatte dunkelbraun rösten und in die Suppe geben (sie helfen die Suppe zu klären und verleihen ihr durch den besonderen Röstvorgang eine schöne kräftige Farbe). In der Zwischenzeit die Blumenkohlröschen getrennt garen. Knochen, Rinderbrust und Gemüse aus der Brühe nehmen, die durch ein Sieb passiert und mit Salz abgeschmeckt wird.

Huhn zerteilen, häuten, Fleisch von den Knochen ablösen und in Würfel schneiden. Zusammen mit dem in Würfel geschnittenen Rindfleisch, den Blumenkohlröschen, den Griesklößchen und den Eierstichwürfeln in eine Terrine geben und mit der Brühe auffüllen. Vor dem Servieren mit der kleingehackten Petersilie bestreuen.

Münsterländer Graupeneintopf mit Pökelrippchen

Als sättigende Einlage für Suppen und Eintöpfe werden im Münsterland auch gerne Graupen verwendet. Und dazu die zarten milden Pökelrippchen. Hm, lecker!

750 g Pökelrippchen · 200 g feine Graupen · 200 g Kartoffeln · 1/2 Sellerieknolle · 3 Möhren · 2 Stangen Porree · 2 Zwiebeln · 1 Bd. Petersilie · 3 l Wasser

- Pökelrippchen im Wasser kurz aufkochen lassen, dann ca. 1 Std. im Topf köcheln lassen. Die gewaschenen Graupen zugeben und mitköcheln lassen. In kleine Würfel geschnittenes Gemüse außer dem Porree und kleingewürfelte Kartoffeln 20 Min. vor Ende der Garzeit in den Topf geben.
- 5 Min. vor Ende der Garzeit den kleingeschnittenen Porree dazugeben.
- Das Fleisch aus der Suppe nehmen, vom Knochen lösen und in mundgerechte Stücke schneiden. Anschließend zusammen mit der feingehackten Petersilie wieder in die Suppe geben und den Eintopf heiß servieren.

Westfälischer Wirsingtopf mit Lachs

Da seine Blätter zarter sind als die der meisten anderen Kohlsorten, wird der Wirsing in der Küche des Münsterlandes vielseitig verwendet. Gleichzeitig klassisch und raffiniert ist der Wirsingtopf einmal mit Lachs statt der üblichen Begleiter Kassler und Mettendchen.

1 Wirsing (ca. 600 g) · 500 g Kartoffeln · 1 Zwiebel · 1 EL Schmalz · 1/2 l kräftige Fleischbrühe · 4 Lachsfilets · Salz/Pfeffer

Wirsing vierteln, den Strunk entfernen und in Streifen schneiden. Kartoffeln schälen und würfeln. Zwiebeln pellen und fein hacken.

Zwiebeln im Schmalz anbraten, Wirsingstreifen dazugeben und kurz mit dünsten. Das Ganze mit der Fleischbrühe ablöschen und zum Kochen bringen. Kartoffelwürfel unterheben und 25 Min. leise köcheln lassen. Mit Salz und Pfeffer abschmecken.

In der Zwischenzeit die Lachsfilets jeweils in 4 große Würfel teilen und in der Pfanne braten. Wirsingtopf auf die Teller verteilen und Lachswürfel darauf setzen.

Westfälisches Blindhuhn

Ein traditioneller saftiger Gemüseeintopf mit Äpfeln und Birnen, dessen Name Rätsel aufwirft, da absolut kein Huhn in dem Eintopf ist. Soll es etwa heißen, dass auch ein „blindes Huhn" etwas Gutes in dem Eintopf voller westfälischer Zutaten aber dennoch mit milder Süße (durch die Früchte!) findet? Probieren Sie es aus!

250 g getrocknete weiße Bohnen · 250 g durchwachsener Räucherspeck am Stück · 600 g vorwiegend fest kochende Kartoffeln · 250 g Möhren · 400 g grüne Bohnen · 2 säuerliche Äpfel (Boskop) · 8 kleine feste Kochbirnen · 1 EL Essig · 1 TL Zucker · Salz/Pfeffer

- Weiße Bohnen mit kaltem Wasser bedecken und über Nacht einweichen. Bohnenwasser abgießen, die Bohnen mit knapp 2 l frischem Wasser und dem Speck aufsetzen, aufkochen lassen und bei schwacher Hitze zugedeckt 1 Std. garen.
- Kartoffeln und Möhren schälen. Die Kartoffeln in Würfel, die Möhren in Scheiben schneiden, zu den Bohnen geben und mit Salz und Pfeffer würzen. Die grünen Bohnen putzen, schräg in 1 cm breite Streifen schneiden und dazugeben. Alles offen 15 Min. köcheln lassen.
- Äpfel und Birnen schälen, Äpfel vierteln, zum Eintopf geben und 15 Min. garen. Mit Salz, Pfeffer, Essig und Zucker abschmecken.
- Den Speck in kleine Stücke schneiden und unter den Eintopf heben.

Münsterländer Knisterfinken mit Kassler

Eine der bekanntesten Speisen aus der ländlichen Küche, deren eigenartiger Name einen ganz banalen Hintergrund hat. Dahinter verbergen sich die zarten Blattstiele der Mairüben, die diesem leckeren Gericht seinen fein säuerlichen Geschmack geben. Wurden sie allerdings nicht gründlich genug gewaschen, bevor sie auf den Tisch kamen, blieb Erde daran hängen und es knirschte bzw. „knisterte“ beim Essen zwischen den Zähnen.

750 g Kassler · 1 kg frisches Stielmus · 750 g Kartoffeln · 1/8 l Sahne · 2 Lorbeerblätter · 1 Messerspitze Muskatnuss · Salz/Pfeffer

- Das Kassler im Wasser garen. Die Blätter vom Rübstiel streifen, die Stiele gut waschen (s. o.) und in etwa 3 cm große Stücke schneiden. Die Kartoffeln grob würfeln.
- Das Fleisch aus dem Topf nehmen und warm stellen. Die Kartoffelwürfel und das Gemüse zuerst in die Kassler-Brühe geben und 15 – 20 Min. garen. Hin und wieder durchrühren (setzt leicht an!). Danach die Hälfte der Masse grob stampfen.
- Die andere Hälfte des Gemüses vorsichtig unterheben und alles zusammen mit Sahne und Salz und Pfeffer und Muskat abschmecken und mit dem in Scheiben geschnittenen Kassler servieren.

Spargeleintopf mit Gambas

Im Land des Spargels darf ein Rezept mit dem feinen Gemüse nicht fehlen. Westfälisch-bodenständig ist seine Zubereitung mit Kartoffeln als Eintopf. Eine ganz moderne Variante ist die Zusammenführung mit einer ganz und gar nicht westfälischen aber sich geschmacklich als Volltreffer erweisenden Begleitung, nämlich den Gambas.

500 g Kartoffeln · 500 g weißer Spargel · 500 g grüner Spargel · 1/2 l Gemüsebrühe · 40 g Butter · 30 g Mehl · 1/4 l Weißwein · 150 g Crème fraîche · Muskatnuss · Salz/Pfeffer · 12 große Gambas · 4 EL Öl · Zitronensaft · 1 Bund Kerbel gehackt

Kartoffeln schälen, gar kochen und pellen. Spargel schälen, in Stücke schneiden und in die kochende Brühe geben. Nach ca. 15 Min. den Spargel mit einer Schaumkelle aus der Brühe heben und abtropfen lassen.

Mehl in die geschmolzene Butter rühren, kurz anschwitzen und mit 1/4 l Spargelbrühe und dem Wein ablöschen. Das Ganze ca. 6 Min. kochen lassen. Danach Crème fraîche unterrühren und alles mit Salz, Pfeffer und Muskat abschmecken.

Gambas bis auf die Schwanzflosse aus der Schale brechen, in dem Öl von jeder Seite 2 – 3 Min. braten und mit Salz, Pfeffer und einem Spritzer Zitronensaft würzen.

Die geviertelten Kartoffeln und die Spargelstücke kurz in der Sahnesauce heiß werden lassen, mit dem Kerbel bestreuen und mit den Gambas zusammen in der Pfanne servieren.

Münsterländer Schnippelbohnensuppe mit Mettendchen

Stangenbohnen haben einen intensiveren Geschmack als Buschbohnen. Ihre flachen breiten Hülsen werden für Schnippelbohnen schräg in feine Streifen geschnitten. Der herzhaft-milde Geschmack der geräucherten Mettendchen ist die ideale Ergänzung zu diesem Gemüse.

500 g Stangenbohnen · 2 Mettendchen · 1 l kräftige Fleischbrühe · 1/4 l süße Sahne · 100 g Butter · 1 große Zwiebel · 30 g Mehl · Muskatnuss · Salz/Pfeffer

- Die in Würfel geschnittene Zwiebel in 25 g Butter anschwitzen, die Hälfte der geputzten Bohnen dazu geben, die Sahne hinzufügen, alles kurz aufkochen, den Topf vom Herd nehmen und das Gemüse darin pürieren.
- In der Zwischenzeit die restlichen Bohnen schräg in ca. 3 cm lange Streifen schneiden, ca. 20 Min. in der Fleischbrühe kochen und mit einer Schaumkelle heraus nehmen.
- Die Brühe zu dem Sahne-Gemüsefond geben, erneut aufkochen und danach durch ein Sieb in einen Topf passieren. Die restliche Butter mit dem Mehl verkneten, stückchenweise in die Suppe geben und mit dem Pürierstab aufschäumen. Die in Scheiben geschnittenen Mettendchen und die Schnippelbohnen ebenfalls in die Suppe geben, mit Muskatnuss, Salz und Pfeffer abschmecken und das Ganze vor dem Servieren ca. 10 Min. erhitzen.

Steckrübeneintopf mit Lammfilet

Die gute alte Steckrübe erlebt auch in der Küche des Münsterlandes eine Renaissance. Mit ihrem süßlich herben Geschmack – ein wenig nach Möhre, ein wenig nach Kohlrabi – eignet sie sich hervorragend für Eintöpfe. Hier kommt sie in der westfälisch-modernen Variante mit Lammfilet als Einlage.

1 Steckrübe (ca. 1 kg) · 500 g Kartoffeln · 2 Lammrückenfilets · 1/2 l kräftige Fleischbrühe · 3 Zwiebeln · 3 Möhren · 1/8 l Saure Sahne · 20 g Butterschmalz · Salz/Pfeffer · 1 Prise Zucker

- Die geschälte Steckrübe in fingerdicke Stifte schneiden, die Kartoffeln schälen und in Würfel schneiden, die Möhren schälen und in Stücke schneiden, die Zwiebeln pellen und würfeln. Alles zusammen in die Fleischbrühe geben und ca. 1 Std. gar köcheln. Mit Zucker, Pfeffer und Salz abschmecken.
- Die Hälfte der Masse grob stampfen. Danach die andere Hälfte wieder vorsichtig unterheben.
- In der Zwischenzeit die Lammfilets in Butterschmalz braten.
- Den Eintopf auf Tellern verteilen und das schräg in Scheiben geschnittene Lammfleisch darauf anrichten.

Schlodderkappes mit Mettendchen

Und noch ein skurriler Name aus der Münsterländer Küche: Umgangssprachlich wurde der Spitzkohl, der auch zu der Kategorie der Gerichte „einfach wie das Landleben früher eben war und gekocht wird, was Hof und Garten zu der jeweiligen Jahreszeit hergeben" gehört, so genannt. Eine schmackhafte Begleitung dazu sind die mild geräucherten Mettendchen.

1 Weißkohl (1,5 kg) · 750 g mehlige Kartoffeln · 3/4 l kräftige Fleischbrühe · 100 g magerer durchwachsener Speck · 3 Zwiebeln · 1 TL Kümmel · 1 Lorbeerblatt · 1 EL Schweineschmalz · 4 Mettendchen · Salz/Pfeffer

- Weißkohl vierteln, den Strunk herausschneiden und in feine Streifen schneiden. Diese in einem Sieb unter fließendem kalten Wasser abspülen.
- Kartoffeln schälen, Zwiebeln pellen, beides würfeln und zusammen mit Kohl, Lorbeerblatt und Kümmel in einem großen Topf schichten und mit der Brühe auffüllen. Alles ca. 40 Min. köcheln, bis ca. 2/3 der Flüssigkeit verkocht sind.
- In der Zwischenzeit den gewürfelten Speck im Schmalz anbraten und die Zwiebeln darin glasig dünsten.
- 5 Min. vor Ende der Garzeit die Mettendchen zwischen das Gemüse legen. Danach Speck und Zwiebeln über den Kohl geben und alles leicht mischen. Mit Salz und Pfeffer abschmecken.

Weiße Rübensuppe

Rindfleisch schlage, stampfe, klopfe,
Brüh es ab im ird'nen Topfe,
Spargelschnitzel, Portulacke
Nimm aus sauber'm Sommersacke,
Morcheln, eine ganze Sippe,
Ziehe von der Fensterstrippe,
Petersilie, Kohl vom Wirsich,
Sellerie (den „Bowlenpfirsich"),
Gelbe Möhren, große, runde,
Lass sie kochen eine Stunde,
Lass sie kochen, bis die Trübe
Klar sich schäumt, dann Rübe, Rübe,
Weiße Rübe schnell hinein,
Und so wird's gelungen sein.

Theodor Fontane

Pfannkuchen und Salat

Von Fruchtomelettes, da mag berichten
Ein Dichter aus den höher'n Schichten.

Wir aber, ohne Neid nach oben,
Mit bürgerlicher Zunge loben
Uns Pfannekuchen und Salat.

Wie unsre Liese delikat
So etwas backt und zubereitet,
Sei hier in Worten angedeutet.

Drei Eier, frisch und ohne Fehl,
Und Milch und einen Löffel Mehl,
Die quirlt sie fleißig durcheinand'
Zu einem innigen Verband.

Sodann, wenn Tränen auch ein Übel,
Zerstückelt sie und mengt die Zwiebel
Mit Öl und Salz zu einer Brühe,
Dass der Salat sie an sich ziehe.

Um diesen ferner herzustellen,
Hat sie Kartoffeln abzupellen.
Da heißt es, fix die Finger brauchen,
Den Mund zu spitzen und zu hauchen,
Denn heiß geschnitten nur allein
Kann der Salat geschmeidig sein.

Hierauf so geht es wieder heiter
Mit unserm Pfannekuchen weiter.

Nachdem das Feuer leicht geschürt,
Die Pfanne sorgsam auspoliert,
Der Würfelspeck hinein geschüttelt,
So dass es lustig brät und brittelt,
Pisch, kommt darüber mit Gezisch
Das ersterwähnte Kunstgemisch.

Nun zeigt besonders und apart
Sich Lieschens Geistesgegenwart,
Denn nur zu bald, wie allbekannt,
Ist solch ein Kuchen angebrannt.

Sie prickelt ihn, sie stockert ihn,
Sie rüttelt, schüttelt, lockert ihn
Und lüftet ihn, bis augenscheinlich
Die Unterseite eben bräunlich,
Die umgekehrt geschickt und prompt
jetzt ihrerseits nach oben kommt.

Geduld, es währt nur noch ein bissel,
Dann liegt der Kuchen auf der Schüssel.

Doch späterhin die Einverleibung,
Wie die zu Mund und Herzen spricht,
Das spottet jeglicher Beschreibung,
Und darum endet das Gedicht.

Wilhelm Busch

Kartoffel-Fisch-Reibekuchen

Das Münsterland ist nicht bekannt für Fischgerichte. Aber heimischer Süßwasserfisch, in ganz inniger Verbundenheit mit zu leckeren Reibekuchen verarbeiteten Kartoffeln, erfreut sich großer Beliebtheit.

5 große festkochende Kartoffeln · 2 Zwiebeln · 3 Eigelb · 300 g Fischfilet (Zander und geräucherte Forellenfilets) · Salz und Pfeffer · 50 g Butterschmalz zum Ausbacken

- Kartoffeln schälen und reiben. Die Kartoffelmasse im Küchentuch gut ausdrücken.
- Das Eigelb und die kleingehackten Zwiebeln unter die Kartoffelmasse rühren.
- Dann die in kleine Würfel geschnittenen Fischstückchen vorsichtig unter die Kartoffelmasse heben und das Ganze mit Salz und Pfeffer würzen.
- Aus dem Kartoffel-Fisch-Teig in dem in der Pfanne erhitzten Butterschmalz 8 kleine goldbraune Reibekuchen backen.

Potthucke

Ein Klassiker mit kuriosem Namen! Ein „Topfhocker"! Da der Kartoffelteig fest in der feuerfesten Auflaufform, dem Pott, hockt, beschreibt der Name den schmackhaften im Topf sitzenden Kartoffelteig, der, wenn man nicht aufpasst, auch gerne schon einmal am Boden festbackt. Der echte Kenner bevorzugt die Potthucke in Scheiben geschnitten und in der Pfanne von beiden Seiten gebraten mit Apfelmus als Beilage.

1 kg mehlig kochende Kartoffeln · 125 g Milch · 150 g Schmand · 4 Eier · 150 g magere Speckwürfel · 6 EL Butter · Salz/Pfeffer

Die Hälfte der Kartoffeln in Salzwasser bissfest kochen, pellen, abkühlen lassen und grob reiben. Die andere Hälfte schälen und in eine Schüssel mit kaltem Wasser reiben, damit sie nicht braun werden. Das Wasser abgießen, die Kartoffeln in einem Küchentuch gut ausdrücken.

Den Backofen auf 180° vorheizen. Eine Auflaufform (ca. 25 cm Länge) gut buttern. Gekochte und rohe Kartoffeln, Milch, Schmand, Eier und Speckwürfel zu einem dickflüssigen Teig vermischen, salzen und pfeffern. Den Kartoffelteig in die Form füllen und ca. 1 Std. 20 Min. im Backofen auf der mittleren Schiene (Umluft 160°) backen, bis ihre Oberfläche schön gebräunt ist.

Die Potthucke 10 Min. in der Auflaufform ausdämpfen lassen, vorsichtig auf ein Küchenbrett stürzen und in 2 cm dicke Scheiben schneiden. Die Butter in einer Pfanne erhitzen und die Scheiben darin von beiden Seiten goldgelb braten.

Leineweber mit Kopfsalat

Um alle Familienmitglieder satt zu bekommen, galt es früher nicht nur im Münsterland hier und da auch recht erfinderisch zu wirtschaften. Und wenn nicht genug Eier und Speck da waren, musste der Pannekoken mit anderen Zutaten gestreckt werden. Die Frau eines Leinewebers – daher der Name – soll die Idee gehabt haben, zur „Verlängerung" Kartoffeln in den Pannekoken zu schneiden. Die genügsame aber sehr leckere vegetarische Speise ergänzen wir mit dem einzig wahren Kopfsalat – den mit Sahnesauce.

125 g Mehl · 4 Eier (L) · 1/4 l Milch · 500 g Pellkartoffeln · 2 – 3 Zwiebeln · 30 g Butterschmalz · 1 Messerspitze Muskatnuss · 3 EL gehackte Petersilie · Salz/Pfeffer

- Mehl mit Eiern und Milch verrühren und mit Salz, Pfeffer und Muskat würzen. Den Teig ca. 15 Min. ruhen lassen.
- Kartoffeln in der Zwischenzeit pellen und in dünne Scheiben schneiden. Zwiebeln schälen und in dünne Ringe schneiden.
- Jeweils 1/4 der Kartoffel-Zwiebelmenge in Butterschmalz goldgelb anbraten, mit 1/4 der Teigmasse übergießen und ca. 5 Min. stocken lassen. Vorsichtig – am besten unter Zuhilfenahme des Pfannendeckels – wenden und ca. 3 Min. fertigbacken. Vor dem Servieren mit der Petersilie bestreuen.

Kartoffel-Sellerie-Reibekuchen mit Apfel-Zwiebel-Kompott

Und wieder geht die Kartoffel eine Liaison ein, dieses Mal mehr mit Ihresgleichen, d. h. sie bleibt in der Familie der Knollen. Zusammen mit dem geschmacklich kräftigen Knollensellerie, ergänzt durch ein weiteres Duo, scharfe Zwiebel und säuerlicher Apfel, als Begleitung kommt hier ein leckeres „Münsterländer Quartett“.

700 g Sellerieknolle · 300 g Kartoffeln · 1 Zwiebel · 50 g Walnusskerne feingehackt · 3 Eier (M) · 4 EL Mehl · 1 TL geriebene Zitronenschale · 40 g Butterschmalz · Salz/Pfeffer · 150 g Zwiebeln · 5 süße Äpfel · 40 g Rosinen · 1 EL Öl · 3 EL Zucker · 150 ml Weißwein · 0,1g Safranpulver · 5 Salbeiblättchen

Gewürfelte Zwiebeln, Rosinen und Zucker ca. 4 Min. in Öl dünsten. Geschälte und in Würfel geschnittene Apfelstücke dazugeben, kurz andünsten und alles mit Weißwein ablöschen. Safran unterrühren und ca. 15 Min. köcheln lassen. Salbeiblättchen zugeben und nach 5 Min. vom Herd nehmen.

Für die Reibekuchen Sellerie und Kartoffeln schälen, waschen und mit der gepellten Zwiebel mittelfein raspeln. Die Masse mit den Walnüssen, Mehl, Eiern, Salz und Pfeffer und der Zitronenschale mischen. Butterschmalz in 2 großen Pfannen erhitzen und pro Puffer 1 gehäuften EL Teigmasse in die Pfanne geben und von jeder Seite bei milder Hitze ca. 4 Min. goldbraun braten und zusammen mit dem Kompott servieren.

Buchweizenpfannkuchen mit Pillewörmern und Rübensirup

Bodenständig, lecker zu jeder Jahreszeit und für jeden Tag – und vollkommen „wurmfrei". Denn „Pillewörmer" heißen im Münsterland dünne gebratene Schinkenstreifen. Durch die Zugabe von Kaffee erhält der Pfannkuchen seine besondere Würze. Der Westfälische Schinken macht ihn deftig lecker und der Rübensirup verleiht ihm das fruchtige Aroma. Gemeinsam sind die drei „Geschmacksverstärker" in Kombination mit dem Pfannkuchen unwiderstehlich.

500 g Buchweizenmehl · 1/4 l kalter Kaffee · 1/4 l Milch · 4 Eier · Salz · 200 g Westfälischer Schinken in Streifen geschnitten · 2 EL Schmalz · Rübensirup als Beilage

■ Alle Zutaten bis auf den Schinken und das Schmalz zu einem glatten Teig verrühren und diesen 2 Std. ruhen lassen.

■ Die Schinkenstreifen in 4 Portionen teilen und jeweils in einer Pfanne mit etwas Schmalz anbraten, mit einer Portion Teig übergießen und bei mittlerer Hitze von jeder Seite ca. 2 Min. goldbraun und knusprig braten.

■ Zu den Pfannkuchen den Rübensirup servieren.

Es wird mit Recht ein guter Braten
Gerechnet zu den guten Taten;
Und dass man ihn gehörig mache,
Ist weibliche Charaktersache.
Ein braves Mädchen braucht dazu
Mal erstens reine Seelenruh,
Dass bei Verwendung der Gewürze
Sie sich nicht hastig überstürze.
Dann zweitens braucht sie Sinnigkeit,
ja, sozusagen Innigkeit,
Damit sie alles appetitlich,
Bald so, bald so und recht gemütlich
Begießen, dreh'n und wenden könne,
Dass an der Sache nichts verbrenne.
In Summa braucht sie Herzensgüte,
Ein sanftes Sorgen im Gemüte,
Fast etwas Liebe insofern,
Für all die hübschen, edlen Herrn,
Die diesen Braten essen sollen
Und immer gern was Gutes wollen.
Ich weiß, dass hier ein jeder spricht:
Ein böses Mädchen kann es nicht.
Drum hab' ich mir auch stets gedacht
Zu Haus und anderwärts:
Wer einen guten Braten macht,
Hat auch ein gutes Herz.

Wilhelm Busch

Altmünsterländer Friedensreiter-Braten

Das Bier ist seit Jahrhunderten eines der beliebtesten Getränke des Landes. Es muss ja nicht unbedingt ins Glas. Auch schon früher brachte man in Ermangelung teurer Gewürze damit Geschmack an die Speisen. Ein in Bier geschmorter Braten ist zart und feinwürzig.

1 kg Schmorbraten · 2 Zwiebeln · 2 Möhren · 2 Lorbeerblätter · 1 Flasche Altbier · 1 EL Essig · 1 EL Rübensirup · 30 g Butterschmalz · 1 EL Mehl · Salz/Pfeffer

- Das Fleisch im Butterschmalz kurz anbraten. Die in Stücke geschnittenen Zwiebeln und Möhren sowie die Lorbeerblätter hinzufügen. Mit dem Bier ablöschen und Essig und Rübensirup unterrühren. Salzen und pfeffern und ca. 2 Std. garen. Gegebenenfalls noch Wasser nachgießen.
- Den Braten warm stellen. Den Sud durch ein feines Sieb gießen. Das Mehl einrühren und die Sauce ca. 5 Min. einkochen lassen und mit Salz und Pfeffer abschmecken.
- Den Braten in Schieben schneiden und mit der Sauce anrichten.

Graute Baunen-Auflauf mit Hackfleisch

Bohnen sind ein wichtiger Bestandteil der Münsterländer Küche und zwar in allen Arten, wuchsen sie doch im hauseigenen Garten und waren einfach zu ziehen. Und gerade für die grauten also die dicken Bohnen galt, dass sie sehr sättigend waren: Drei graute Baunen sin so gaut äs ene Snute vull Braut. Wir nehmen für dieses Rezept „gepalte Bohnen", da sie sehr mild und frisch schmecken.

500 g ausgepalte dicke Bohnen · 400 g Rinderhack · 100 g magerer geräucherter Speck · 3 Lauchzwiebeln · 1 Knoblauchzehe · 3/4 l süße Sahne · 2 Zweige Bohnenkraut · 2 Zweige Thymian · 50 g geriebener mittelalter Gouda · Salz/Pfeffer

- Bohnenkerne 30 Min. in kochendem Salzwasser garen anschließend mit kaltem Wasser abschrecken und abtropfen lassen. Das Hackfleisch in einer Pfanne braten.
- In der Zwischenzeit den in Würfel geschnittenen Speck in 50 g Butter anbräunen, die klein gehackten Frühlingszwiebeln, die zerdrückte Knoblauchzehe und die Gewürzzweige zufügen. Mit 1/4 l Sahne ablöschen, die Sauce zur Hälfte einkochen lassen und vom Herd nehmen.
- Eine feuerfeste Auflaufform buttern, die Bohnenkerne und das Hackfleisch vorsichtig einfüllen und salzen und pfeffern.
- Die restliche Sahne steif schlagen und vorsichtig unter die erkaltete Sauce heben. Die Sauce über das Bohnen-Hackfleisch-Gemisch gießen, alles mit dem geriebenen Käse bestreuen und im vorgeheizten Backofen bei 220° ca. 10 Min. goldgelb überbacken.

Himmel und Erde

Schon seit dem 18. Jahrhundert bekannt ist dieses weit über die Grenzen Westfalens hinaus immer wieder gern gegessene bodenständige Gericht. Seinen Namen hat es wohl daher, dass seine Grundbestandteile Äpfel und Kartoffeln sind. Erstere wachsen in den Himmel, letztere in die Erde hinein und heißen daher und wegen ihrer Form auch „Erdäpfel". Wir haben zu der gebratenen Blutwurst als übliche Begleitung zusätzlich gebratene Rotwurst sozusagen als „gemischtes Doppel" dazu gegeben. Welche Wurst ist Ihr Favorit?

500 g Kartoffeln · 500 g Äpfel (säuerliche Sorte) · 300 g magere Blutwurst · 300 g Rotwurst · 1 Gemüsezwiebel · 1 EL Butterschmalz · Zucker · Salz/Pfeffer · 1 Bund Petersilie

Kartoffeln schälen, in Würfel schneiden und kochen. Nach 10 Min. die geschälten und gewürfelten Äpfel dazu geben und beides weitere 10 Min. kochen. Evtl. überschüssiges Wasser danach abgießen. Mit Salz, Pfeffer und Zucker abschmecken und kräftig durchrühren.

Gehobelte Zwiebelringe in der Pfanne in Butterschmalz rösten. Blutwurst und Rotwurst in Scheiben schneiden und braten.

Kartoffel-Apfel-Masse und Wurstscheiben auf Tellern anrichten. Zwiebeln darauf verteilen und mit Petersilie garnieren.

Kaninchenkeulen in Bier-Senf-Sauce

Auch hier kommt das würzige Bier nicht ins Glas sondern zur geschmacklichen Bereicherung der Kaninchenkeulen zusammen mit Senf in den Schmortopf. Eine schmackhafte Variante für dieses Traditionsgericht.

4 Kaninchenkeulen (küchenfertig) · 500 g Erbsen (tiefgekühlt) · 8 Cocktailtomaten · 1 Flasche kräftiges Landbier · 3 EL Butterschmalz · 2 EL mittelscharfer Senf · 1 Lorbeerblatt · 1 Stängel Thymian

- Kaninchenkeulen salzen, pfeffern und mit Senf einreiben, in Butterschmalz anbraten und im vorgeheizten Backofen ca. 20 Min. bei 180° braten. Ab und zu mit dem Landbier begießen.
- Erbsen, Lorbeerblatt und Thymian dazu geben und weitere 20 Min. im Backofen garen.
- 5 Min. vor Ende der Garzeit die Cocktailtomaten dazu geben.

Münsterländer Töttchen

Töttchen, eine der bekanntesten Spezialitäten aus dem Münsterland, haben es bereits zu einer eigenen Homepage gebracht. Ursprünglich ein Arme-Leute-Essen, bei dem Innereien mit Zwiebeln und Essig zubereitet wurden, wird heute in Restaurants fast nur noch die „de Luxe Variante" angeboten. Wir verwenden Kalbfleisch, das zwar optisch an „Ragout fin" erinnert, aber wesentlich intensiver gewürzt ist. Verschiedene Töttchen-Rezepte und alles rund um dieses Traditionsgericht hält die Westfälische Töttchen Interessengemeinschaft unter www.töttchen.de bereit.

800 g Kalbfleisch · 1 Bund Suppengrün · 2 – 3 Zwiebeln · 200 ml trockener Weißwein · 1/2 TL Weißweinessig · 1 EL mittelscharfer Senf · 25 g Butter · 2 EL Mehl · 2 Lorbeerblätter · 10 Körner schwarzen Pfeffer · 1 Messerspitze Thymian gerebelt · Salz/Zucker

■ Das Kalbfleisch mit dem Suppengrün, Thymian, Lorbeerblättern und Pfefferkörnern in reichlich Salzwasser ca. 1 1/2 Std. köcheln bis es weich ist. Danach aus der Brühe nehmen und in mundgerechte Stücke schneiden. Die Brühe durch ein feines Sieb passieren.

■ Die in Würfel geschnittenen Zwiebeln in der Butter glasig dünsten, mit Mehl bestäuben, leicht anbräunen, mit Weißwein ablöschen. Gerade so viel Brühe dazu gießen, dass eine dickliche Sauce entsteht. 15 Min. köcheln und die Sauce mit Essig, Senf, Zucker gut würzen und süß-sauer abschmecken, die Fleischwürfel in die Sauce geben, darin erhitzen und zusammen mit kräftigem Bauernbrot servieren.

Poularde nach Bauernart mit Champignons und Schalotten

Egal ob Bauer oder Arzt – ein paar Hühner hielt sich fast jeder im Münsterland. War das liebe Federvieh doch genügsam (... bald im Hofe, bald im Garten lebensfroh im Sande scharten), legte dazu noch Eier und war auch gebraten sehr schmackhaft (... die schon ohne Kopf und Gurgeln lieblich in der Pfanne schmurgeln). Richtig! Diese Hommage an das liebe Federvieh findet sich bei Wilhelm Busch, dessen Witwe Bolte Max und Moritz in ihren Streichen übel mitspielen. Wir haben mit Schalotten, Champignons und kräftigem Landbier bodenständige Begleiter für die Poularde ausgesucht, schließlich sollen sie sie ja geschmacklich beflügeln.

1 Freiland-Poularde (ca. 2 kg – küchenfertig) · 500 g Schalotten · 500 g braune Champignons · 3 Knoblauchzehen · 2 Zweige Rosmarin · 2 Stiele Petersilie · 2 Lorbeerblätter · 1 Flasche kräftiges Landbier · 3 EL Olivenöl · Salz/Pfeffer

- Schalotten und Knoblauch schälen und in kleine Würfel schneiden. Champignons putzen und halbieren. Kräuter und Lorbeerblätter mit Küchengarn zu einem Sträußchen binden und in das Huhn stecken.
- Olivenöl in einen Schmortopf gießen, Poularde hineinsetzen und 30 Min. bei 180° im vorgeheizten Backofen braten. Dann Champignons und Schalotten darum verteilen und weiter 30 Min. im Backofen braten. Hin und wieder mit dem Landbier begießen.

Rehrücken in Pumpernickel-Preiselbeer-Kruste

Eine weitere Feinschmeckervariante in Sachen Pumpernickel ist die Kruste um das wohl begehrteste Stück des heimischen Wildes. Rehrücken ist fett- und kalorienarm und sein delikater Geschmack erlangt durch die Pumpernickelkruste getoppt durch die beigemengten Preiselbeeren eine ganz besondere Note.

1 kg ausgelöster Rehrücken · 1/2 l Wildfond · 4 Schalotten · 150 g Butter · 150 g Pumpernickel · 2 TL Tannenhonig · 1 Messerspitze Zimt · 100 g Zucker · 3 EL Preiselbeeren · Salz/Pfeffer

■ Schalotten pellen, fein zerhacken und in der Butter glasig dünsten. Das fein zerkrümelte Pumpernickel, Honig, Zucker, Zimt, Salz und Pfeffer dazu geben, einrühren und vom Herd nehmen. Preiselbeeren vorsichtig unterrühren.

■ Rehrücken mit Salz und Pfeffer würzen, in einen Bräter legen und mit der Pumpernickel-Preiselbeer-Masse bestreichen. Hälfte des Wildfonds angießen und im vorgeheizten Backofen auf der mittleren Schiene bei 180° ca. 40 Min. garen, dabei hin und wieder vorsichtig mit dem restlichen Wildfond beträufeln.

Westfälischer Pfefferpotthast

Ein sehr alter, typisch westfälischer Festtagsschmaus, dessen Name sich aus den drei Begriffen Pfeffer, Pott und Hast zusammensetzt. Hast wurde früher die Feuerstelle genannt, der Begriff Pott weist darauf hin, dass alles in einem Topf gekocht wurde. Bei der Bedeutung von Pfeffer streiten sich die Gelehrten: Mit Pfeffer kann das verwendete Gewürz gemeint sein, wahrscheinlicher ist jedoch, dass es für das fein geschnittene Fleisch in diesem Gericht steht.

1 kg magere Rinderbrust (Tafelspitz) · 1 kg Zwiebeln · 2 Lorbeerblätter · 2 Nelken · 1 EL Essig · 30 g Semmelbrösel oder altes Brot zum Reiben · 1 kleines Stück Sellerie · 1 Möhre · Salz/Pfeffer

- Fleisch in Würfel schneiden und mit der gleichen Menge in Scheiben geschnittener Zwiebeln, den Gewürzen und dem in Stücken geschnittenen Gemüse in kochendes Wasser geben. Alles aufkochen, abschäumen, salzen und pfeffern.
- Ca. 1 1/2 Std. garkochen, das Wurzelgemüse entfernen und dann das alte entrindete Brot in den Topf reiben. Nochmals 5 Min. kochen und mit Essig und Pfeffer abschmecken. Lorbeerblätter und Nelken entfernen und heiß servieren.
- Wer es würziger liebt, kann zusätzlich 1 TL Kapern dazugeben.

Der Mensch nascht gerne Süßigkeiten,
Das war schon so zu allen Zeiten.
Egal ob Torte oder Kuchen,
Es ist ein ständiges Versuchen.
Auch Struwen werden gern verzehrt,
Die Bäckerin dafür verehrt.
Ist man nervös und aufgeregt,
Im Magen flau, weiß nicht wie's geht,
Hilft Stippmilch oft und Götterspeise,
Das Süße heilt auf seine Weise.
Lädt man zum Kaffee Gäste ein,
Darf's gerne auch mal Torte sein.
Ein jeder ruft, wie ich schon ahne,
Ganz laut dazu: „Aber bitte mit Sahne!"

Uwe Krüger

Münsterländer Apfel-Schichttorte

Streuobstwiesen gehören überall im Münsterland traditionell zur Kulturlandschaft. Die Obstbäume mit ihren ausladenden Kronen, darunter das als Wiese oder Weide genutzte Grünland, sind noch häufig zu finden. Auch der einzelne Apfelbaum im Garten sorgt für Genuss, besonders wenn seine Früchte leicht alkoholisiert mit Sahne, Zimt und Mandeln und 3 knusprigen Teiglagen zusammen kommen. Etwas aufwändig aber geschmacklich unübertrefflich, nicht nur für Kaffeetanten!

300 g Mehl · 200 g Butter · 100 g Zucker · 1 TL Backpulver · 1 Ei · 1 kg Äpfel · 1/2 l Sahne · 1/8 l Wein · 1 cl Rum · 4 EL Hagelzucker · 100 g gehobelte Mandeln · 1 TL Zimt

- Aus Mehl, Butter, Zucker, Backpulver und dem Ei einen Knetteig herstellen, ausrollen, drei Böden für eine Springform ausstechen und bei 180 – 200° 15 Min. im Backofen backen.
- Äpfel schälen und in 1/2 cm dicke Scheiben schneiden. In einer beschichteten Pfanne mit Wein und Rum dünsten. Nicht weich werden lassen!
- Hagelzucker, Mandeln und Zimt mischen und auf die ausgekühlten Böden streuen.
- Die Sahne schlagen und auf einen Boden die Hälfte der Äpfel geben, dann 1/3 der Sahnemasse.
- Den 2. Boden darauf etwas andrücken und darauf wiederum 1/3 Sahne, die restlichen Äpfel und das letzte Drittel Sahne schichten.
- Den dritten Boden darauf setzen und aufpassen, dass man von diesem Traumkuchen selbst auch ein Stück abbekommt.

Beschwipste Stachelbeertorte „Annette“

Die Münsterländer lieben das „Schnäpsken“. Es muss nicht immer im Glas sein, manchmal wird es auch versteckt wie bei der Torte mit dem grünen Beerenobst – eine wunderbare Ergänzung zu dem etwas herberen Aroma der Stachelbeere. Diesem „Schnäppsken“ wäre auch das Fräulein von Droste-Hülshoff bestimmt nicht abgeneigt gewesen.

125 g Butter · 100 g Zucker · 200 g Mehl · 1 TL Backpulver · 1 Ei (M) · 2 cl Mirabellenlikör · 1 EL Butter · 2 EL Zucker · 1/2 l Sahne · 1 Päckchen Sahnesteif · 2 Päckchen Vanillinzucker · 1 Glas Stachelbeeren

- Aus den ersten 6 Zutaten einen Mürbeteig herstellen, ausrollen und 2 Böden, davon einen etwas dicker, ausstechen und bei 180° 15 Min. backen.

- Den dünneren Boden zerbröseln. Butter und Zucker in einer Pfanne erhitzen, die Brösel zugeben und so lange rühren bis eine krokantartige Masse entsteht. Diese zur Seite stellen und abkühlen lassen. Sahne mit Sahnesteif und Vanillinzucker steif schlagen. 1/3 der Sahne auf den dickeren Boden streichen und die abgetropften Stachelbeeren darauf verteilen. Darüber die restliche Sahne streichen und alles mit den restlichen Bröseln bestreuen.

Westfälische Kirsch-Pumpernickel-Torte

Auch in der Sterneküche ist das schwarze Roggenvollkornbrot mit karamellisierter Stärke zu einer beliebten Zutat geworden. Sein herber Geschmack ist die ideale Ergänzung zu süßen Desserts und Kuchen.

7 Eier (M) · 250 g Zucker · 125 g zerbröseltes Pumpernickel · 1 EL Kakao · 1 EL Speisestärke · 100 g gemahlene Haselnüsse · 1/2 Päckchen Backpulver · 1 Glas abgetropfte Sauerkirschen · 1 Päckchen Tortenguss · 1/2 l Sahne · 2 Scheiben Pumpernickel in Rauten geschnitten · 4 EL Schokoraspeln

- Eier trennen und das Eiweiß steif schlagen. Die folgenden 6 Zutaten verrühren und den Eischnee vorsichtig unterheben. Den Teig in eine Springform geben und bei 180° ca. 70 Min. backen.
- 12 Sauerkirschen zur Seite legen, die restlichen Sauerkirschen mit dem Tortenguss andicken und die Sahne steif schlagen.
- Den Tortenboden quer in eine dickere und in dünnere Scheibe schneiden. Den dickeren Boden mit den Kirschen und einer dünnen Schicht Sahne bestreichen, den dünnen Boden darauf setzen.
- Die Sahne in einer dicken Schicht darauf verteilen und die Seiten mit Sahne bestreichen.
- Die Pumpernickelrauten auf den äußeren Rand – pro Tortenstück eine – setzen und mit einer Kirsche verzieren.
- Die Schokoladenraspeln auf der Torte verteilen oder in der Mitte damit einen Kreis bilden.

Münsterländer Stippmilch mit Erdbeeren und Pumpernickel

Süßspeisen mit Pumpernickel sind typisch für diese Region. Sie sind zusammen mit Erdbeeren als klassische Begleitung aber auch mit anderen Obstsorten wie Himbeeren oder Pflaumen eine sehr schmackhafte und gehaltvolle Komposition und können an heißen Sommertagen auch einmal die Mittagsmahlzeit ersetzen.

500 g Erdbeeren · 500 g Schichtkäse · 200 g Zucker · 1/8 l Sahne · 1/8 l Milch · 1 Päckchen Vanillinzucker · 1 Scheibe Pumpernickel · 2 EL Zucker

- Erdbeeren waschen, in Scheiben schneiden und zuckern.
- Die nächsten 5 Zutaten miteinander verrühren.
- Pumpernickel zerbröselt in einer beschichteten Pfanne mit dem restlichen Zucker karamelisieren.
- Erdbeeren und die Quarkmasse in Gläser schichten, mit einer Schicht Erdbeeren abschließen und darauf die abgekühlten Pumpernickelbrösel verteilen.

Westfälische Götterspeise

Hinter diesem klangvollen Namen verbirgt sich ein leckeres, schnell zuzubereitendes Dessert, das dem zu den Verhandlungen zum Westfälischen Frieden in Münster weilenden päpstlichen Gesandten Fabio Chigi allerdings nur wegen der anderen Zutaten und nicht wegen des „schwarzen Brots der Westfalen“ geschmeckt hätte. Er schrieb über das Pumpernickel „... nur für die Ärmsten des Volkes genießbar“. Damit hatte Herr Chigi allerdings Unrecht. Heute ist das Pumpernickel in der ganzen Welt bekannt und beliebt.

100 g Pumpernickel · 100 g zerbröselte Makronen · 100 g gehackte Haselnüsse · 1/2 l Schlagsahne · 20 g Puderzucker · 300 g entsteinte Sauerkirschen · 8 Erdbeeren

- Pumpernickel kleinreiben und die Haselnüsse und Makronen mischen.
- Sahne mit dem Puderzucker steif schlagen.
- Jeweils die Hälfte der Pumpernickel und der Haselnuss-Makronen-Mischung unter die Sahne heben und in hohen Gläsern wie folgt schichten: Sahne, Pumpernickel, Sahne, Haselnussmakronen-Mischung, Sahne, Pumpernickel, Sahne.
- Die Gläser randvoll mit den Sauerkirschen und den geviertelte Erdbeeren füllen und zugedeckt ca. 1 Std. im Kühlschrank durchziehen lassen.

Münsterländer Struwen

Mehr Münsterland geht nicht! Das traditionelle Karfreitagsgericht im Münsterland. Allerdings spricht nichts dagegen und alles dafür, diese leckeren Hefepfannkuchen auch an anderen Tagen zuzubereiten. Bekennende „Struwianer" wünschen sie sich mit Apfel- oder Pflaumenmus statt eines Sonntagsbratens.

500 g Mehl · 400 ml Milch · 1 Würfel Hefe · 60 g Zucker · 150 g Rosinen · 2 Eier · 1/2 TL Salz · neutrales Öl und Butterschmalz · Zimt und Zucker zum Bestreuen

- Die Hefe zerbröseln, in der lauwarmen Milch auflösen und mit dem in eine Schüssel gesiebten Mehl einen Teig herstellen. Diesen abgedeckt ca. 15 Min. aufgehen lassen.
- Alle weiteren Zutaten mit dem Teig vermengen und kräftig schlagen. Diesen Teig nun abgedeckt bei Zimmertemperatur ca. 1 Stunde gehen lassen.
- Öl und Butterschmalz in einer Pfanne erhitzen und mit einem Esslöffel den Teig portionsweise in die Pfanne geben und goldbraune Struwen backen, die anschließend mit einem Gemisch aus Zimt und Zucker bestreut werden.

Herr Durst

Herr Durst ist ein gestrenger Mann,
Der lässt sich gar nicht foppen;
Ob's Wetter gut ist oder schlecht,
Er geht nicht ab von seinem Recht,
Er fordert seinen Schoppen.
Und wer ihm den nicht geben will,
Den quälet er tagtäglich,
Er quält ihn hier, er quält ihn dort,
Er quälet ihn in einem fort
Und quält ihn ganz unsäglich.
Da gilt kein Anseh'n der Person,
Nicht Stand noch Würd' und Ehren:
Herr Durst, der kehrt bei allen ein,
Bei Reich und Arm, bei Groß und Klein
Und niemand kann's ihm wehren.
Ihn rührt kein Ernst, ihn rührt kein Spaß,
Kein Pfeifen und kein Singen.
Ihr könnt ihn nicht durch Spott und Hohn,
Ihr könnt ihn nicht durch Schmäh'n und Droh'n
Von seiner Forderung bringen.
Drum macht's wie ich: Ich bin bereit,
Sein Schöpplein ihm zu zollen.
Und lässt er mich dann nicht in Ruh'.
Trink ich ihm noch ein zweites zu,
Dann hört er auf zu schmollen.

August Heinrich Hoffmann von Fallersleben

Rhabarbersaft

Auch diese Gemüsepflanze hatte früher in vielen Bauerngärten der Region einen festen Platz. Ohne viel Aufwand zu verursachen, wuchs und wächst sie heute dort noch fast von selbst und wird gerne zu Konfitüre oder Kompott verarbeitet. Aber auch der Rhabarbersaft – Geschmacksnote pikant-säuerlich mit geringem Kaloriengehalt – ist ein Genuss, egal ob pur oder gemixt.

2 kg junge Rhabarberstangen · 200 g Zucker · 1 Zitrone

- Rhabarber putzen und in kleine Stücke schneiden. Mit Zucker bestreuen und über Nacht ziehen lassen.
- Fruchtmasse in einen Topf geben, mit der gepressten Zitrone übergießen und ca. 10 Min. köcheln. Anschließend durchseihen – am besten durch einen Kaffefilter – und in hübsche Flaschen abfüllen.
- Den Saft kann man pur trinken oder aber mit Orangensaft, Mineralwasser oder Prosecco aufgießen.

Professor Landois' Schlehenschnäpsken

Da es nach dem Essen nicht immer unbedingt der echte Münsterländer Korn sein muss, haben wir uns an Professor Landois gehalten, den Gründer des Münsteraner Zoos, der nach einschlägigen Berichten ja in Sachen Alkohol ein großer Genießer war, und ein Rezept eines Schlehenschnäpskens hervorgeholt, das auch unserem „unwiesen" Professor, wie er sich selbst nannte, gefallen hätte.

250 g Schlehen · 250 g weißer Kandis · 1 Flasche Weizenkorn (ca. 40 %) · 1/2 Vanilleschote

- Schlehen erhalten ihren Geschmack erst nach dem ersten Frost! Falls Sie mit der Ernte nicht so lange warten wollen, müssen die Früchte unbedingt für eine Nacht in die Tiefkühltruhe.
- Alle Zutaten (Schlehen also evtl. vorher auftauen) in eine große Flasche füllen und ca. 4 Wochen kühl und dunkel stellen. Während dieser Zeit hin und wieder durchschütteln.
- Danach durch ein Sieb gießen und in hübsche Flaschen füllen. Prösterchen!

Altbierbowle

„Gaudeamus igitur“ (Lasst uns also fröhlich sein …) zählt zu den weltweit bedeutendsten Studentenliedern. War auch hier Westfalens oder gar Münsters Braukunst im Spiel? Egal! Heute ist die Altbierbowle aus dem münsterschen Studentenleben nicht wegzudenken. Probieren Sie die Altbierbowle doch einmal mit frischen Erdbeeren. Sie müssen kein Student sein, um sie zu mögen.

500 g frische Erdbeeren · 4 EL Zucker ·
200 ml Wasser · 2 l Münsterländer Altbier

- Geputzte und je nach Größe halbierte oder geviertelte Erdbeeren in ein Glas geben.
- Zucker und Wasser aufkochen bis sich der Zucker gelöst hat. Abgekühlten Zuckersirup über die Früchte gießen und mind. 2 Std. ziehen lassen.
- Kurz vor dem Servieren mit dem gut gekühlten Bier aufgießen.

... und wenn Sie uns fragen, woher wir die schönen Münster-Requisiten und die frischen Lebensmittel haben, beantworten wir Ihnen das gerne:

Frisch Fisch Spezialitäten **BUSSMEYER**	Geflügel-Lamm u. Wildspezialitäten	paris direkt OBST · GEMÜSE · EXOTEN die gesunde Verführun
Andreas Bussmeyer e. K. Hünenburg 46 48165 Münster Tel.: 02501 7416	Dirk Düpmann Hanrorup 6 48249 Dülmen Tel.: 02548 1713	Ramazan Gülnar Lise-Meitner-Str. 7 – 11 48161 Münster Tel.: 02534 977540

... Marktstände von unserem schönen Münsteraner Wochenmarkt

Christa Rammes
Jahrgang 1940
Begeisterte Köchin und hervorragende Gastgeberin

Bibliografische Informationen der Deutschen Nationalbibliothek:
Die Deutsche Nationalbibliothek verzeichnet diese Publikation in der Deutschen Nationalbibliothek; detaillierte bibliografische Daten sind im Internet unter http://dnb.d-nb.de abrufbar.

2. Auflage

http://www.muenstermitte-medienverlag.de

Satz/Layout: Helenor Hackeneß
Druckerei Buschmann GmbH & Co. KG, Münster

Druck: Druckerei Buschmann GmbH & Co. KG, Münster

ISBN: 978-3-943557-08-4